父亲的传奇

The Extraordinary Life of My Father

目录

前序 5

军阀混战, 社会动荡　　- 父亲的幼年................7

牢狱生涯　　- 青春时光 16

大跃进　　- 酒泉城郊农场 22

患难之交 25

狱中之狱 29

文化大革命　　-"黑五类"高帽 32

忍辱负重　　- 为生计而奔波 38

父之爱 42

新时代, 新气象 47

父亲之孝道 52

父亲之期望 55

父亲之教导 59

父亲的传奇

父亲之鞭策 64

父亲之慈爱 75

兰州之旅 76

痛逝亲人 92

父亲已老 101

京城之旅 108

与父亲最后的道别 118

The Extraordinary Life of My Father

前 序

　　父亲虽是一位普普通通的农民，但在我心目中，他的一生充满了传奇。还在二月襁褓之时，祖父便突然离世，孤儿寡母，在艰难中度过了他的童年。正值青壮年之时，却含冤锒铛入狱，在牢狱中度过了他人生宝贵的十年人生黄金岁月。虽从那九死一生中侥幸生还，却接着又遇上了文革，随即过上了阶下囚的黑暗日子。一直到文革后平反，摘了帽，他才见到了光明，恢复了常人该有的生活。

　　虽然一大半的岁月是在黑暗中度过，过着非人的日子，但父亲从未因所处的环境而丧志，因所受的冤屈而埋怨，也未因所遭的折磨而对人对事怀恨在心，反而他在艰难中坚韧不拔，积极向上。即使在黑暗无望时，他还是对生活充满着盼望和憧憬，对人生始终抱以信心，并用宽广的胸怀对待曾经伤害过他的人和事。

他那种积极向上，乐观进取的生活态度和精神，始终激励着我。使我在面对人生挑战时，有着力量和积极的态度，始终看到希望和光明。

军阀混战,社会动荡
- 父亲的幼年

父亲柴氏映泮,一九三三年出生于会宁县汉家岔。祖祖辈辈都生活在这片土地上,已耕田为业。

会宁,早在汉元鼎三年即公元前114年开始置县。历代皇帝先贤如秦始皇、汉武帝、成吉思汗、谭嗣同等到达此地,留下翰墨诗章。会宁县,地处甘肃中部,位于西北黄土高原和青藏高原交接地带。它素有"陇秦锁钥"之称,是陇东军事重镇和交通枢纽,兵家必争之地(共产党领导的红军长征时三大主力军曾会师于此,后记)。汉家岔位于会宁县西北部,山峦起伏,沟壑纵横,属于干旱山区。

The Extraordinary Life of My Father

小时候常听祖母讲，柴氏家族在汉家岔属于大户人家。那时由于祖父勤劳持家，经营有方，家业颇厚，所耕作的土地及牲畜较多，家里还有帮工。父亲的出生给全家带来了不少喜庆。祖母说，父亲刚出生时，哭声特大，而且一旦哭起来，很长时间就不会停下来。祖父就说，此孩性格要强，长大后说不定会成大器。

父亲是第三个孩子，上面有大哥和二哥，都长他几岁。当全家还在迎接新生命的喜庆之时，祖父有一天便突然离世。作为全家精神之柱的祖父于世长辞，无疑给这个小小之家带来巨大打击。

当时的中国环境，正处于军阀混战，社会动荡不安之时。自从十九世纪中叶以后，由于西方列强的入侵，中国逐渐成为半殖民地半封建社会。灾难深重的中华民族面临着两大艰巨任务：就是求得民族独立和人民解放。

父亲的传奇

　　由于当时所处的社会不稳定，民不聊生。祖母家中，孤儿寡母，处在那个时代，生活之艰难，便可想而知。

The Extraordinary Life of My Father

自从祖父离世后，所有的重担都落在了祖母肩上。在艰难岁月里，祖母以顽强的毅力，和超出常人所能承受的志气，未当以家境贫寒而微见颜色。她不因世事沧桑而变志改节，立志要把三个孤儿抚养成人。

祖母性格开朗，心底善良。听她后来讲起，当时上门求亲的人络绎不绝。但她想到，若她再嫁，心爱的三个儿子在别人家可能会被轻看。于是就依然坚守着，始终未再嫁。

祖母为了养活孩子，白天奔波于陇亩之畔，夜深补纳于油灯之下，忍饥受寒，只求爱子温饱；千辛万苦，唯盼后嗣有成。

在三十年代初，当时的中国社会，两党共存，有国民党和共产党。面对国外强权入侵，国共两党实行合作，掀起大革命高潮。在国共合作之际，共产

父亲的传奇

党所领导的工农红军不断发展壮大,使国民党十分恐慌,随之发动了大规模的军事围剿。

红军随即 实行战略大转移,一九三四年的开始的八万人浩浩荡荡的长征。历时两年的艰苦跋涉,于一九三六年底,在甘肃会宁,红军三大主力会师,才宣告了红军长征结束。

The Extraordinary Life of My Father

父亲在七岁时，尽管家里在艰难中度日，时局不稳，祖母毅然决定送父亲去到私塾读书，以便将来他有出息。

父亲在读了几年后，因当时国共两党内战，民生凋敝，私塾也被迫关闭，父亲再无法持续学业。但父亲的文学功底深厚，尤其古文，比我这个读到大学程度，以及研究生要强好多。在我以后求学阶段，每次遇到有关古文方面的问题，都向父亲请教。

一九三七年，由于日本军方提出的无理要求，被我驻守在卢沟桥的军民严词拒绝。日军悍然向我守军开枪射击，炮轰宛平城，制造了震惊中外的卢沟桥事变。因此便拉开了中华民族长达八年的抗日战争，同时也是第二次世界大战亚洲区战争的起始。

长期的抗日战争，消耗了国家大半的人力财力，民不聊生。1945 年，日本宣布无条件投降，也宣告八年的抗日战争结束。

刚刚结束了抗日战争，老百姓盼望着宁静的日子就要开始了，但中华大地并未逃脱战争的命运，紧接着的便是三年的国共内战，同胞骨肉之间，互相残杀。历经磨难的中华民族，便再一次陷入战争的深处。

自从父亲停学后，正值内战时期，社会动荡不安，他便与大伯二伯一起，操持家务。就像人们常说的"穷人的孩子早当家"。弟兄三人，同心协力，辛勤耕作，家境也逐渐显得宽裕起来。

三年的国共内战中，国民党率领的国军节节败退，撤至台湾海峡，造成国共两党两岸割据的局面。1949 年，共产党在北京成立中华人民共和国，并宣布了新中国的开始。

The Extraordinary Life of My Father

在人们心中期盼着，战争终于结束了，饱受灾难的中华民族 最终可以站起来了， 期待已久的好日子 终于来到了。

中华大地上，平静的日子刚刚开始，当人们还沉浸在欢乐和庆祝当中时，厄运便相继而至。

新中国成立刚一年，便爆发了朝鲜战争。 接着美国出兵干涉， 把战争的火焰点燃到 中国的领土边缘， 鸭绿江边。 中国政府立即决定， 派遣部队，跨过鸭绿江， 前往战场， 与朝鲜人民并肩作战。

二伯当时已参入人民志愿军，便被派往前线作战。 自从二伯抗美援朝后， 全家便被列入光荣家属， 过节期间常有来自政府的问候及来访。

父亲的传奇

在新中国刚成立不久，始料不及的各式各样运动便接踵而至。其所造成的影响和伤痕，可能用数字无法说明。

五十年代初发生了一场镇压反革命的运动，目的是为了肃清社会上国民党残余，从而巩固新生的政权和社会秩序。

因那场运动的影响，在1953年底，大伯因宗教信仰被判为反革命分子。从那时开始，深重的灾难便相继降临到这个还在风中飘摇的小小之家。

The Extraordinary Life of My Father

牢 狱 生 涯
－ 青春 时光

有一天， 公安人员及鸣叫的警车来到了那个偏僻的小山村，打破了以往的安静。 警车一到家， 公安人员便逮捕了大伯。

大伯当时身患重病，生命难保。 祖母看到大伯刚刚长大，含辛茹苦抚养成人， 现在又患重病。 这一去，遥遥无期， 不知还能否再见到活着的儿子回来。 那种悲痛欲绝的场面， 揪着当时在场的每个人的心。

父亲见状， 便恳切地央求公安人员， 能否因大伯的身体状况， 按照当时有的政策， 让大伯监外就医。 或者 若允许的话， 他可以代替大伯，以人质为大伯坐监， 能让大伯监外就医。

父亲的传奇

公安人员对父亲的请求不但不予理会，而且便说：

你小子想坐牢，是吗？

好吧，那就成全你吧！

于是便不由分说，把手铐套在了父亲的手上，两手靠背，把他押上了警车。

面对此情此景，对于祖母及家人来说，因二伯还在朝鲜战场，生死不晓，现在又眼睁睁地看着大伯及父亲双双被公安带走。突然之间，三个爱子，全都生死难卜。

全家顿时就像天塌一样，那种凄惨与绝望，又何以用语言表达？

父亲被押到兰州后，被硬行逼供，要让他承认是拦路抢劫，并妨碍公务，以它为罪来判刑。但父亲在强行逼供前，毫不示弱，据理力争，阐述前后过程及原因，解释没有一丝拦路抢劫并妨碍公务之说。

执法人员根本不想听其解释，严刑拷打，使其屈膝在冰冷的石地面上，三天三夜没有饮食，不让休息，想让他招供。

在强逼面前，父亲还是没有丝毫妥协，陈述理由。最后当局不顾事实，硬以拦路抢劫罪，判处有期徒刑10年，并随后送往酒泉的城郊农场服刑。

新中国刚成立时，法制并不健全，人们对法制没有什么概念。何为法？何为理？领导人的话语就是圣旨，运动的口号就是命令。执法人员任意妄为，不顾事实。那时普通老百姓有冤何处伸？曾有多少冤屈而终的灵魂？

父亲的传奇

大伯当时被判无期徒刑，送交兰州大沙评监狱服刑。直到二十多年后，以保外就医假释还家。

父亲很少跟我们谈及他在酒泉城郊农场的经历，也许那是一段悲惨的时段，考验着人性的底限；也许那是一段在特殊时期的特殊历程，也不知如何向年幼的子女诉说。

点点滴滴，都是从父亲与别人谈起时，由断断续续地回忆而成。直到前些年读到有关另外一酒泉劳教农场，夹边沟，的纪录，才对那个年代的劳改生涯及所处的环境有一些初步地了解。

The Extraordinary Life of My Father

酒泉城郊农场，与当时的酒泉夹边沟农场是近邻。只不过按照有限的资料记载，酒泉城郊农场主要以劳改犯为主，而夹边沟农场是以右派为主。当时周边劳改农场还有几座，像：饮马农场，新华镇农场，高台农场，安西农场等，都是以劳改劳教为由而设立。

关于夹边沟的情景，最近几年有一些报道，较详尽的描述了当时凄惨的现实。

作家杨显惠，通过采访大量幸存者和知情人，发表了纪实作品《夹边沟记事》，从此揭开了这段历史的序幕。它描述道：从1957年关押将近三千人，到三年后，幸存者已不足二百，其余的有百份之九十以上都是饥饿或缺营养而得的疾病原因致死，从此足见其惨状。

曾为甘肃省委第二巡视组组长的邢同义，他有过二十年的新闻工作经验。可能是缘于夹边沟的苦难情结，历经数年，撰写出纪实专著，《恍若隔世——回眸夹边沟》，记录了当事人悲惨的经历。

另外还有高尔泰写的《寻找家园》，和凤鸣的《经历，我的1957》，李景沆的《蒙恩历程》；提钟政的《血泪惊魂夹边沟》等。他们都是以当事人自己的亲身经历，详细的记载了那一段惨痛的历史。

2005年凤凰卫视推出了的三集关于夹边沟的"社会能见度"视频，采访到当事人，聆听那些曾经历过死亡的历史控诉！

2010年，王兵导演的《夹边沟》，在威尼斯电影节上映。让人们更直观的看见那种残忍的场面。

The Extraordinary Life of My Father

大 跃 进
– 酒泉城郊农场

酒泉城郊农场，虽然未见到有关的报道和记录，但它所处的环境，应该可以想象得到，与周边的其它农场相似，像夹边沟农场一样，是充满着暴虐、折磨、饥饿和死亡的伤痛之地。

自从 1954 年到 1964 年，正当青春年少的父亲，在那儿度过了他人生的的十年黄金时期。

父亲被发派到酒泉城郊农场的马连湖分场。马连湖位于酒泉城郊东北五华里，地处去金塔公路北侧。它原是一片湖泊沼泽之地，以野生笈草和马连菜为主要植物，故称马连湖。

父亲的传奇

所谓的劳改农场，即以繁重的劳动改造为主。当时的劳动任务主要有挖沟，排水，排碱，条件恶劣，劳动强度大。所承担的任务由省劳改局直接下达，量大，任务重，被下令如期完成。若有不完成者，轻者则挨批斗，或扣掉饭食；重者则刑期倍加，或者更甚者便被处死。

挖沟排碱工程刚刚开始，河西地区时令早寒初冬，滴水成冰，施工时先得破冰，后入水挖沟，需用双腿及半身浸泡在冰水里面。长期以来，就会麻木不仁，失去知觉。等到工程结束时，父亲的双腿以成残疾，疼痛终身。

虽然劳动强度大，加上恶劣的环境条件，但对于当时的劳改人员，劳动的刑法莫惨于饥饿所带来的痛苦折磨和由此而导致的死亡。

自从1958年起，全国范围内当时正值面临三年困难时期，加上大跃进和人民公社化运动，全国粮食紧缺，仅1960年因饥饿而死的就有上千万人。

当时中央提出的口号是："人有多大胆，地有多大产！""人定胜天！"

孰知人类生存的环境都有律。自然界有律，宇宙太空有律，自古到今还未有人能改变这个律。人类得遵循生态平衡，四季更替，宇宙星空的昼夜循环。人怎能胜过造物主呢？

后在1961年召开的中央工作会议中总结到：三年的灾难是三分天灾，七分人祸所导致。

在父亲所服刑的酒泉城郊农场，它所在的地皆为戈壁沙滩，盐碱湖泊沼地，寸草不生，风沙扑面，冰雪满天。白天要超负荷的劳动，开沟挖渠，平整田地。粮食短缺，没有足够的饮食供应，晚上又不能好好休息，恢复体力。

父亲的传奇

患难之交

因劳动强度大，身体又没有营养供应，因此每个人因饥饿而虚弱不堪，饥饿而死的十有八九，侥幸存活者吹气可倒。他们主要以干菜叶，沙枣树叶等代粮充饥，饥饿导致全身浮肿，瘦骨嶙峋，，再加上肌体变形，看上去惨不忍睹。

与父亲共患难的家乡朋友，杜伯，就是因饥寒交迫而死。临死前请求父亲说，母亲妻儿因路途遥远，无法前来探望。看来他是无法活着回去见到老母及家人了，死尸要留在外了，就问父亲能否到时若他刑满释放回家乡时，把它带回到家乡去，让老母见它一面。虽不能活着回去，但也让老母见到遗骨，让它葬在家乡之地。

The Extraordinary Life of My Father

父亲便答应了难友并说，不用担心，只要他能活着回去，一定会把遗骨带回。

自从难友死后，父亲就将其掩埋，并信守着对难友的承诺。当时因饥饿而死的人数剧增，农场管理人员掩埋很草率，尸骨暴露于荒野，累累白骨绵延近数公里路程。因此时间一长，能辨认出死者身份，是一件极为困难的事。

酒泉地处沙漠地带，常有沙尘袭击，每次沙尘过后，地面便被淹没，面目全非。父亲便经常躲开看管人员的监控，每次在风沙过后都会对杜伯的葬遗骨之处重新定位，以确定遗骨能找着。

这样的行为很冒险，若被发现，轻者则严罚，重者则丧命。但父亲就为难友所承诺的，在数年的艰苦岁月里，即使自己身受折磨，性命难保，但他还是坚守着诺言。默默地保护着那块葬地，让它在风沙中不被淹没。

父亲的传奇

十年后，1964年，父亲保刑满释放时，他便把难友的遗骨从那片地里悄悄地挖出，再小心翼翼地整理好。后来听祖母讲到，父亲会整骨，乡亲们当有提坟时，经常请他去，也许他就是从那时积累的经验。

父亲把难友遗骨整理好后，就卷入所带行李中，途中辗转多次后，从酒泉背回到家乡。回家后，第一件事就是把遗骨送回难友家中。

可以想象，当难友老母及妻儿见到他后，那种场面，真是悲喜交加！有流不尽的眼泪，诉不完的衷肠！

父亲也懂医术，后来听他一起的难友讲起，在狱中，父亲有几次都给难友出药方治病。尤其是便秘，肠阻塞之类的病例，当时非常普遍，有很多都死于它。在《夹边沟》中描述到，到了寒冬腊月，野菜无迹可寻，人们只能煮干树叶和草籽果腹。草籽吃了胀肚，树叶吃了也便秘。它导致不能进食，身体会很快死亡。

父亲便就地取材，开药方，特别是泻药。有一次听说有位难友便秘，几天不能进食，生命垂危，父亲便开出药方，让难友赶紧服下，结果等到了约数个小时后，便通泄，挽救了生命。

从记事起，家里就摆放着一全套由医家谢观编纂的《中国医学大辞典》，总共四部。邻舍懂医术的乡亲朋友经常会来借看。

父亲的传奇

狱 中 之 狱

那时农场管理人员惨无人道，对待犯人就根本不当作人看待。哪里有人性可言？听父亲后来讲到，有一位国民党的大将，也被押到城郊农场服刑。农场负责人员为了批斗他，想进了一切方法。每一次的批斗，那位曾经为国家民族的解放征战沙场，立下汗马功劳的将领，就是不低下他的头，也不下跪。并斩钉截铁的说：

士可杀，不可辱！

负责人员便叫来一帮人，凶狠的硬是把他捆绑，强迫让他双膝跪下，听他们的批斗和折磨。

也不知那位将领，最后能否活着出来？

《夹边沟》中也提到，在海外取得博士学位的水利专家傅作恭，他的哥哥是当时任国家水利部长的傅作义。傅部长专门写信邀请傅作恭，让他从美国回来，能为祖国人民服务。傅作恭回来后不久，就赶上了那场运动。不知是因他的什么言论，被派到夹边沟劳动改造。

在饥饿面前，为了生存，他就在场部的猪圈边找猪食吃时，因身体的严重虚弱便倒下了。大雪盖住了他的身体，几天后才被人发现。生前他曾经给哥哥傅作义写信求救，据说傅作义根本无法相信弟弟信中的描述是真实的，于是便没有提供帮助。

即使是普通百姓，当告诉那儿所经历的事时，也难以置信。坐在国家水利部长之位的他，除非亲眼看见，怎能相信在那儿所发生的这一切？

心中不免发问：天下竟有如此残惨无人道的事，发生在新中国？

父亲的传奇

从 1954 年开始，自从父亲和大伯被关进监狱后，留在家里的就只有祖母，母亲及大婶二婶等人，被邻里称为"贫苦中的女儿国"。她们婆媳之间，相依为命，为着生存，辛苦劳作。都经历过那些年代的自然灾害，大跃进，粮食短缺。也看见过全国各地到处都是饥饿而死的现象。她们能够度过那些艰难岁月，存活下来，实属不易之事。

The Extraordinary Life of My Father

文化大革命
－"黑五类"高帽

父亲出狱后，还不到一年时间，在1965年起，不料 清理阶级队伍的运动又开始了。父亲因着 锒铛入狱 的经历，就又被当地公安机关定为"反革命分子"。

刚刚经历过了生死考验，惊险地在死亡门口跨过，深重的灾难又一次降临到他及这个小小之家。

紧接着，1966年，中国境内，轰轰烈烈的文化大革命在全国展开。其目的是为着防止资本主义复辟，维护党的纯洁性，并 寻求中国自己的道路模式。但 不知有多少冤假错案，多少 冤屈的灵魂丧于黄泉。那场运动，在中国 及世界的发展上，史无前例。

父亲的传奇

在当时那种形式下，一旦被带上反革命分子的帽子，或被划为黑五类：像地主，富农，反革命，坏分子，右派 等， 则成为阶下囚，黑暗的日子便接着又开始了。

长达十年的时间，父亲都是生活在那种 非人的暗无天日当中， 度日如年，默默的承受着折磨。

The Extraordinary Life of My Father

哥哥是在 1967 年出生，两年后我也来到了这个世界。也许我们俩地到来，给正在黑暗深处的这个小家庭带来一丝的光明和盼望。

从我记事起，父亲经常被公社叫走，被批斗，而且每次都是很晚才回来。有一次记得父亲正在田间干活，就被公社干部叫走，那天晚上很晚回来后，就听他睡觉时在疼痛呻吟。后听祖母讲，父亲那晚被批斗，有人用木棒使劲全身力气想把父亲一棍打倒。听别人说，还没有人在那人棍棒之下能够站立。但是坚强的父亲未被打倒，却依然站立得住。

那时我家经常被搜查。有天晚上，我从睡梦中惊醒，见有几个人闯入家门。当时祖母赶忙把我抱在怀中，轻轻安慰说，别怕，孙儿，他们只是寻找东西而已。

父亲的传奇

也不知他们在寻找什么，只见翻箱倒柜，把衣服等物抛在了地上，过了一会儿，就又离开了。

又有一次，我在半夜出来时，发现有人在家外面站立，我吓得魂不附体，赶忙跑回家中，祖母就说：孙儿，别怕，那些人是站岗的，是为了我们家更安全。

长大后才明白，那些人是巡逻监视的，以防反革命分子在晚上进行非法活动。

The Extraordinary Life of My Father

在这期间，大伯在狱中度过了二十年时光后，1974年因身患重病，保外就医名义，假释回家。

记得那天晚上，祖母及父母就早早离开了家，临行前交待哥哥说，他们要去接大伯回家，要他在家看好弟弟。我与往常一样，等到睡觉时就上了床。但记得半夜醒来时，看见哥哥还在煤油灯下，趴在被窝里，看书写字。也许是在一直等待父母及大伯的到来，也担心他们万一出现意外。

不知哥哥那晚几点才去睡觉，等天亮起床后，哥哥就告诉我说：父母他们已回来了，大伯也接回家了。于是哥哥就领着我到了大伯家。

我从来都未见过大伯，也不知他长得咋样。到了他家后，就见到有很多人，祖母也在那儿，父母也许已经去田里干活去了。虽然是第一次见到大伯，但一点都不陌生，感觉挺亲切。见到他就扑到了他的怀里，坐在他的膝盖上。大伯便问起我叫什么名字，多大了等。

那天整个上午，我都坐在大伯的怀里，没有离开过，眼睛也时而注视着他。记得那时大伯脸色苍白，但精神挺好。印象中的他留有长胡须，带一顶黑毡帽，穿一身粗布中山装。

可能是离开家已二十多年了，有很多的人大伯都不认识，祖母便坐在旁边一一介绍。那天大伯家来了好多人，从早到晚，没有间断，气氛也很喜庆，每个人脸上都露出笑容。见到大伯后都亲切地问寒问暖，关心他的身体。

The Extraordinary Life of My Father

忍 辱 负 重
－ 为生计而奔波

在那个年代，父亲自从被戴上"反革命分子"的帽子后，隔三岔五被批斗受折磨，在村里也被安排最艰苦的任务。当时他有好几年都是在担粪，收集各家各户的肥料，到农田去施肥。

他的劳动任务重，但所得的公分又低。公分在当时公社制时代，是劳动价值的体现，是隐形的货币，要靠着它来填饱肚腹的。

当时因祖母年事已高，不能到田间干活，哥哥和我又尚年幼，全家就只能靠着父母所挣的工分，要养活全家五口人。因父亲的特殊身份，母亲也一直身体不好，所以到年终时，父母的总公分，要比其他人少许多。因此在那些年里，要让全家大大小小填饱肚腹，是一件非常难的事。若遇上干旱年份，更是雪上加霜。

听祖母后来提起，父亲常到年底时，看见用公分所得的粮食，就知道来年不能够养活一家。于是就去远方亲戚家去要粮或换粮。其实就是乞讨，只是伸手去要的是亲戚，而不是陌生人。那其中所经历的辛酸可想而知…

记得有几次在大年三十晚上，是一年家人团聚的时候，但是很晚了，还是不见父亲的身影，于是就跑去问母亲：父亲这么晚怎么还不见回来呢？

每一次母亲都是叹口气，抬头望望天，然后轻轻的说：乖孩子，别担心；你爸可能正在回家的路上，很快就到家了。

有一次听父亲讲给祖母说，若他要粮回来，见天色还未晚，他就呆在铁木山坡背面等几个小时。因若碰到公社干部或工作组人员，就会被没收，而且也会挨批斗。他要一直等到太阳落山，天色黑下时，估计那些人都回家过年了，他才悄悄地踏着黑影，小心翼翼地回到家中。

从我记事起，家里吃饭，大多是杂粮，小麦面粉只能是在过年过节时才有。那些鸡蛋肉类更是稀缺，不敢问津。记得那时常吃红薯片，刚吃时，口感很好，甜甜的，但吃多了，就胃不舒服，以致后来再吃到它，就反胃，胃酸涨。

除了吃饭，全家五口人，老老少少，家里还需要柴米油盐衣物等，这些必需品都需钱去买。但听父母讲，家里很多时候几乎没有一分钱都没有。

正处在灾难深处的父母，从哪儿想办法去换来钱呢？那可真是更发愁了！

父亲在我们长大后也时常提起，在那个困难时期曾帮助过我们的人。他说有一位邻村的姓段的老兄，那时在乡镇机关作一些公事。父亲就求他能否帮他发一些衣物等，因为若是父亲去寄发，就会被查看没收。那位老兄听后就爽快地答应了，并说：我知道你家的处境，有什么要需要帮助的，尽管说，不要客气！

父亲就尽可能想一些办法。当从新疆的亲戚那儿打听到，那面需要一些用羊毛缝制的棉衣时，父亲就在当地收购一些羊皮。然后请一位懂手工的亲戚缝制成棉衣，再请那位段老兄，用他的名字寄到新疆去。等棉衣卖出去后，那面的亲戚再把钱寄回。就是靠着一点点的差价所来的钱，在那个艰难时期维系着这个家。

后来父亲就经常提起那些在艰难时况给我们家伸出援助之手的人。说受点滴之恩，当以涌泉相报。要饮水思源，常存感恩的心。

The Extraordinary Life of My Father

父 之 爱

　　我从小就体弱多病，有好几次都是从生死的边缘苏醒过来。母亲常讲，我的生命是她用眼泪换来的。可不知她为我流过多少的眼泪？

　　后来有一次，大概六七岁大了，在家玩耍，突然之间觉得头晕眼花，就赶紧告诉祖母，她让我躺下休息一会儿，可是后来就不知不觉了…

　　不知过了有多长时间，忽然之间觉得口渴，就喊了一声说：要喝水！便醒过来了。

　　等挣开眼睛，看见自己躺在炕上，屋里亮着灯，挤满了人，也许他们都以为我可能再也醒不过来了。

父亲的传奇

当看见我醒了，母亲的脸庞还挂着泪水，父亲脸上便露出了笑容。便说：乖孩子，终于醒了，这就没事了，赶紧喝水吧！

听母亲后来讲，她每次看见我昏迷后，因没有能力送到医院救治，就只有以泪洗面，求救于上天。有一次天下着暴雨，外面雨点倾盆而下。当见我昏迷后，她就跪倒在暴雨中，向那上苍哭喊祈求！求上天能赐怜悯，救我活过来！

不知过了多长时间，她就任大雨瓢泼在身上，直等到我苏醒过来，她才被人叫回家里。

到我七岁时，记得同龄人都上了学，就我还没上。于是心里在嘀咕，父亲是不是把我上学的事给忘了？于是就去问父亲，父亲就说：

孩子，上学的事不急，不着急！

等长大后才明白，原来父亲并不是忘了，而是当时因家庭成分不好。即使上了学，将来考学也受限制，就是政策不容许反革命分子的子女考学。也就是即使分数能达到大学录取线，也不能进入学校的大门。

后来读到高尔泰的《寻找家园》，其中描述到，当他女儿考上大学后，却被学校拒之门外。理由很简单，就是因她是右派的后代。高先生也是因打成右派，在酒泉夹边沟农场劳教过，因此他们都有相同的经历和感受。他的女儿在当时听到那消息后，好像天塌一样，以致后来竟忧郁而终其身。可能那样的事例在那个年代并不少见。

父亲也许考虑到当时的情况，就一直犹豫着我的上学，不着急早去。

后来有一天父亲就告诉我说，你想去上学就去上吧。于是我就兴高采烈地背上书包去学校报到。

学校就在本村，有两位老师，教一年级到三年级的课程。

我刚上学不懂事，也不明白学校的规矩。记得有一天上课了，教室里坐满了学生，老师好像要有什么要紧的事宣布似的。就在老师说话之前，就看他脸色沉重，突然之间却哭了。紧接着同学们也开始哭起来，教室里抽泣声一片。

我坐在那儿，左看看右看看，同学们都在痛哭。心里纳闷，不明白究竟发生什么事。还想着刚才不是好好的吗，这突然之间究竟是咋地了？

过了有几分钟后，老师就宣布散会。等出了教室，我就问身边的同学是什么原因，问后才知道：啊，原来我们亲爱的毛主席与世长辞了！心里嘀咕，这么大的新闻，为啥大家都知道这个消息，就我被蒙在鼓里呢？难道是自己孤陋寡闻不成？

The Extraordinary Life of My Father

　　后来在一个寒冬的大清早，记得刚进校门，就见老师在门口告诉哥哥说：舅母得重病已去世了，赶紧去告诉父母，让他们去帮料理后事。那位老师和舅母是同村，所以知道消息早。

　　母亲姊妹五人，小舅是她们中最小的，也跟母亲最近。记得舅母人挺善良贤惠。那天父母得知消息后，就赶忙去了小舅家料理后事。后来听母亲讲，小舅家的表哥表姐当时大概十岁左右，她们俩一直哭喊在舅母的遗体旁，摸着她的脸庞，长久不起。每次提起他们俩，母亲都是觉得可怜，真是没娘的孩子像根草，在风中任意飘摇。从那以后，父母待小舅的两个孩子当作自家的一样，一直到他们长大成人。

父亲的传奇

新时代，新气象

一九七六年，在中国历史上，也是一个不平凡的一年。先是几位领导人相继离世，接着的是粉碎"四人帮"，结束了十年浩劫，随即迎来了十一届三中全会。邓小平先生以"三进三出"的奇特经历，重新登上了中国政治历史的舞台。他拨乱反正，停止了以"阶级斗争为纲"，把工作重点转移到经济建设上来，开始了改革开放和社会主义现代化建设的新时期。因此小平先生被称为中国改革开放的总设计师。

两年后，在1979年初，中央作出《关于地主及富农分子摘帽问题的决定》。父亲也在那次会议决定后被摘了帽，给予于其他普通老百姓一样的身份和待遇。

The Extraordinary Life of My Father

在长达二十五年的时间里，父亲都是在暗无天日下过着非人的生活。直到那时起，才算是有机会见到了光明，过上了正常人的生活。

同年里，中国十一届四中全会召开，正式通过了《关于加快农业发展若干问题的决定》，提出土地承包责任制。广大农民也看到了希望和曙光，觉得有了土地的主人翁地位，工作积极性大大提高，农业生产量大幅增加，农民生活也开始大大改善。

伴随着中国的改革开放及农村体制的转变，父亲的心态也变得开朗，对生活和未来充满憧憬和希望。他特意在自家院子里，请人设计了一间高房，是在一层之上。等高房建好后，父亲自己提笔，应用古人的诗词，题字抒怀。在高房南侧和北侧的墙壁上，各有一诗：

南侧是一首王之涣的《登鹳雀楼》,

> 白日依山尽,
> 黄河入海流。
> 欲穷千里目,
> 更上一层楼。

以抒发他对祖国壮丽山河的热爱,和登高望远的襟怀。

北侧是一首应用 南宋《名贤集》的诗句,

> 国正天心顺,
> 官清民自安。
> 妻贤夫祸少,
> 子孝父心宽。

以表达他对国家,民族,及家庭的盼望和期待。

The Extraordinary Life of My Father

等到后来慢慢长大，我自己也喜欢书法，平时有空时常练习练习。等大学毕业后，又接触一些有关书法楷体，才发觉父亲的书法是那样的苍劲有力，功底深厚。心里不免佩服，不知他是怎么练成的。

西汉杨雄有道曰：书，心画也！字如其人！

从父亲的字中，可以看到他那刚强不阿的性格。

农村政策放宽后，父亲那时为了贴补家用，在农闲时节去外地采购一些物件，如衣物等，再到附近农贸市场批发零售。有一次听祖母讲，父亲回家要比预计的晚几天，等父亲回来后告诉她，是因他在半途转车时，错过了预定的车次，必须等到第二天的下一辆。等到第二天时，有人就告诉父亲，前辆车出了车祸，有许多伤亡，都被送到当地医院抢救。

父亲回来就告诉祖母说：能平平安安回来与家人团聚，是上帝保佑了他。

父亲的传奇

上苍真是以慈悲怜悯为怀，保守父亲的性命，让这个五口之家继续维系下去！

The Extraordinary Life of My Father

父亲之孝道

从小父亲对哥哥和我要求严格，若发现稍有不对，便会严加管教，而母亲则是慈爱呵护着我们。但父亲的严厉每当在祖母面前时，则会变得和颜悦色，态度极为平和。父亲对祖母的敬重和孝顺，在周围是有声誉的。在我的记忆中，父亲在祖母面前从来没有翻过脸，或声音大过。

父亲后来跟我和哥哥时常讲到，"百善孝为先，万行德为贵"。"孝"和"德"二字要经常留在耳边，记在心中。

后来政策放宽家境好转后，祖母每天在家煮茶，父亲常常陪在旁边为她点火，煮茶，熬茶，陪她一起喝茶聊天。经常会看到祖母坐在炕边上，父亲靠着枕头则斜躺在炕上。一边喝茶，一边聊天。那种情景，就像是婴儿躺在母亲的怀抱里，无拘无束的玩耍嬉闹，是多么美丽的一幅图画。

在文化大革命期间，村里及乡镇的人员对父亲批斗，给于残忍非人的待遇。父亲真是忍辱负重，那些经历可能永远都留在他记忆深处。对那些曾经折磨过父亲的人，等我们长大后，若路上碰见他们，心里面便隐隐怀恨，有时在路上碰见，便有意躲过他们。

后来等上了中学后，记得有一天回家，见祖母和父亲正在喝茶，好像有什么事发生，因那天他们的脸上都露着笑容，气氛很愉快。后就听父亲说：

冤仇可解不可结！

原来那天父亲遇上了当年折磨过他的人，可能那人也觉得有些自惭心愧，就主动向父亲道歉，并表示一些愧意。父亲不知从哪来的大肚和豁达的心胸，便毅然原谅了他。只是记得他跟祖母聊起那些以往之事时，便不再仇恨。

那种舒畅，安然，释放，非常令人向往！

后来父亲给我们讲到，对待仇恨，要么牢记在心，找机会去报复，然后报仇雪恨，以解多年心头之恨；要么就选择去饶恕别人。可能去饶恕并不是很容易的事，但当你去尝试做了后，就会发现它是值得的。因为不仅饶恕了别人，也释放了自己，心怀坦然，再不会有重担。而相反，如果选择报复，会觉得一时的痛快，解了气，但其实仇恨依然在那儿，不会消除，也许会更加深，甚至传到后代。所以古人说：冤冤相报何时了？

父亲就教导我们说：对待他人，要有宽容的心！

父亲的传奇

父亲 之 期望

由于父亲在牢狱中以及后来文化大革命时所受的折磨,他的腿及其它身体部位都留下了残疾病痛,母亲一直身体不好。在农村要生存,就需要好的身体,才能养活全家。父亲可能是考虑到年老的祖母,以及上了年纪并身体不健的父母,全家需要一个男子来支撑这个家。

看到体弱多病的我,父亲便作出计划,若哥哥中学毕业后,能考上师范院校,就可以去读,否则就留在家了。因为师范两年后就毕业当老师,拿到工资可以养家;若再上高中,需要三年或更长时间,再加上大学时间,少则七八年,多则可能达十多年。若再加上我的上学,可能时间更长。考虑到全家老老少少,如何才维持下去。也可能是因我病弱的身体,所以希望哥哥能在家里,让我有机会去继续读书。

The Extraordinary Life of My Father

那年哥哥中学毕业后，没有能够上师范院校，于是父亲便依然决定让他留在家里。其实哥哥自从小学到中学，都是成绩名列前茅，老师都喜欢他。当听到哥哥不能继续读高中，学校老师几次来到家里劝说父亲，为的是让哥哥能在继续读书。但父亲旨意已决，没有人能改变他。

哥哥自从中学毕业后，刚十六七岁的青年，正是年轻人追求梦想的时候，他就任劳任怨地承担了家庭的重担，并没有一丝的埋怨，默默的撑起了这个五口之家。

我那时刚上中学，一点都不懂事。从来都没把学习放在心里，没想过将来要考学，也不体贴父母的难处。成天就在学校里玩。那时学校就在家附近，父亲会经常到学校与老师询问关于我的学习情况，每次都得到一样的消息。那就是，成绩不理想，上课交头接耳，不专心听讲，但下课后体育运动热情高涨。

父亲的传奇

那时因课外活动少，尤其是体育运动项目极少，下午的活动时间对我那时来说就特别的珍贵。一般在接近活动时间，约半小时左右，身在教室，心已飞向了活动场。脑海中就开始想着课外活动的事，像如何去占乒乓球案子，如何抢到排球，如何占得有利的篮球场地等想法。等到下课铃声一响，一般都是我第一个健步飞出教室门口，冲向操场，去占有利地盘。若稍迟几分钟，那些运动场地，则早就没有了份。

父亲看到我一直不用心学习，成绩不好，他可能跟老师交流后，专门做了交代，要严加看管。有几次在上晚自习时，趁周围没有老师，我就与身边的同学开起了玩笑。在谈笑正欢时，突然间耳朵就被拧了一把，特别疼痛，转身一看，老师竟在那儿站着。

噢，原来老师一直在暗处盯哨着呢！

在中学遇到的几位老师都特别的认真负责，对班里的每一个学生都要求严格。记得有一位物理老师，姓柳，当看到我上课心不在焉的样子，就找我单独谈话。后又在我的作业本里，用红笔写了一篇评语。语重心长的劝我要立下心志，努力学习，以便将来有作为。

后来我逐渐有一些进步，在中考时，被会宁二中录取。会宁二中，与会宁一中齐名，是全县以致全省的重点高中。

父亲的传奇

父亲 之 教导

由于会宁二中在县城，距家有近百里路，两个小时的车程，需要寄宿，只有到放假时才回家一趟。在当时寄宿的学生，学校容许学生做饭。于是每一位同学都有一套做饭的餐具，像煤油炉，锅碗瓢盆等。再加上油面米土豆，被褥衣物等，因此要准备的东西还真不少。对第一次出门的我，还是很大的挑战。

可能是父亲有意要锻炼我，他在我做那些准备时，并没有吭声，也没帮什么，也许是在默默地观察着。而且在上学的当天，看到大大小小的行李包裹，他也没有帮我送到车站。当时只有祖母和母亲陪我，送我到车站去。

等到达了会宁二中后，才发觉食宿及其它条件不是一般的艰苦。宿舍非常拥挤，晚上睡觉，翻身都挺困难。而且只要有一人翻身或起床，床板都会咯吱响，其他同学都会被惊醒。供水更是紧缺，尤其是开水，需要排很长时间的队。但到后来许多学生看到水快完了，就会一轰而上。好多时候都是瓶胆被挤破，开水烫伤皮肤。由于我身体矮小，有好几次都是全身被压在下面⋯

后来很多时候就只能站在远处，望水而兴叹！

在高中时，读了中央青年报的记者，麦天枢先生写的一篇纪实报告，题目为《西部在移民》。其中描写到西北甘肃干旱山区的老百姓，他们的生活是如何的贫乏和艰苦，也包括会宁及其学子。那是第一次读到关于家乡的描述，感觉是那样的亲切和逼真。作者那透彻地观察，生动的描述，字里行间反映地如此的有深度。同时也意识到原来自己所生存的环境竟是那样的艰苦，自己一点都未觉察。

同时也慨叹到，祖祖辈辈生活在这片贫瘠的土壤中，却从未怨天尤人，还是勤勤恳恳，踏踏实实地耕耘着这片黄土地。他们的那种坚韧和毅力，让我可佩可敬！

后来写信给家人，因当时不懂事，就把学校的一些情况如实地作了描述。收到信后，母亲第二天就赶到了学校看我，说她及祖母收到信后，心里牵挂着我，整夜未眠，所以想来看一眼。母亲也随身带来了父亲写的一封信。信的大致内容是，

The Extraordinary Life of My Father

忠威吾儿：

收到信后，倍感挂念！

人的一生会遇到许多的考验，有顺境的，也有逆境的，这些都不是我们能预料和控制住的。无论环境如何，我们都应该去认真面对。

当在逆境中时，不要消极，不要放弃，更不能怨天尤人。要把它划为一种向上的动力，让它成为你锻炼的因素。不要退缩，要勇于面对，在艰难中学习，在失败中成长。遇到的每一次困难，都把它看为学习的功课。若你能珍惜它，并从中学习，也许这些困难和磨练，都会成为你生命中的祝福。

希望吾儿能在艰苦环境中锻炼成长，磨练意志。珍惜时光，克服困难，使它成为你人生中的财富。

父亲的传奇

古代孟子有话曰：故天将降大任于是人也，必先苦其心志，劳其筋骨，饿其体肤，空乏其身，行拂乱其所为，所以动心忍性，曾益其所不能。

希望吾儿能抓住时机，刻苦学习，勇于拼搏。尤其在这个阶段，要百尺竿头，更进一步，盼将来有所成。

父　书于家中

一九八六年 九月

The Extraordinary Life of My Father

父亲 之 鞭策

自从上了高中后，就发现周围的同学都刻苦学习，挑灯夜战。那时用蜡烛是奢侈品，较昂贵，一般都用煤油灯，但油烟及气味很难闻，也没有其它方式。有些同学就连煤油灯也是高消费，干脆在学校的路灯下看书，即使寒冬季节，也从未间断。学校一般九点多就下晚自习，电灯会在同一时间熄灭，于是同学们便点起了煤油灯，继续到深夜，才回到宿舍休息。

每一个学生都在挖掘出自己所以的潜力，每次考试都是一分一分往上提。同学之间就好像在互相竞争，每次的考试排名，就可以衡量是否在竞争中有所提高和进步。记得我当时写了一篇短文，题为：我被卷进竞争的漩涡，并配上图画，贴到了教室的壁报上，在老师和同学间广为流传。

后来才了解到，班里的每一个同学都是从原学校拔尖的学生，所以班里聚集了从全县三十多个乡镇，至少六十多个中学而来的优秀生。因此，能考入全县仅有的两三所重点中学，实为不易。

也许是周围艰苦的环境和生存条件，能唯一改变现实状况的可能就是继续考入大学，以便将来能在更好的环境中生活。

所以考学就是通往美好生活的"独木桥"。因此当时就有一说，一旦能考上学校，就有"朝为田舍郎，暮登天子堂"的感觉。那种天上地下的区别，可以想象得到对考取大专院校，对未来生活的向往和憧憬的程度。

在学校里，经常还见到从周边兰州各大城市来的学生就读，不知为啥要从那样好的条件来到这儿艰苦的环境读书？问他们后才知道，原来父母是让他们来吃苦锻炼，体验生活，以便将来他们有出息。

父母的心啊，苦耶！情耶？

自从我上了高中后，父亲虽没有明说，心里可能对我寄予了厚望，但我那时还是不体贴父母的心肠。我当时还是喜欢体育运动胜于文化课的学习。每次的课间休息，尤其是下午的约一个小时的活动时间，大多数同学都是很珍惜它，利用它温习功课。而我每次都是去参加体育运动项目，像足球、篮球等。因此每次当回到教室时，都看见其他同学都已在那儿，静悄悄地看书，就我一人大汗淋漓地样子。若听说有校间的体育比赛，那更是每场都不缺，必到场呐喊助阵。

有一次当在县体育馆观看完一二中的篮球比赛后，在往学校的回程中，正在与同学点评精彩的场面，就碰上了一位从家乡来县城办事的人。当他看到我那么兴致极高的样子，就问及我干啥时，我就

父亲的传奇

告诉他说，刚看了一场精彩的球赛，顺便就把有些精彩瞬间讲给他听。

可惜那位老兄回去后，就把这事详细如实地都和盘端出，告诉了父亲。可以想像父亲是如何的生气！他听到的只是那些体育运动，没有任何关于我学习用功方面的消息。等我那学期放假回家时，刚进了家门，就见祖母父亲在家中，于是就打招呼给他们，但是父亲并未应声，好像面色不悦。

稍后他就问我：在学校你都干啥？

我便回答说：学习功课呀！

他又接着问：除了功课，还干啥？

我很纳闷，不知如何回答，就站在那儿犹豫。

于是父亲便严厉地说：在高中如此紧张的阶段，每个学生都争分夺秒的抓住时间学习，力争上进，而你还有闲时间，闲情去观看体育比赛？你说说，你究竟心里是咋想的？

The Extraordinary Life of My Father

不知为什么，当时我便突然意识到自己没有体贴家人的心意，辜负了父亲的期望。心里顿觉惭愧不已，于是就不由自主地双膝跪倒在祖母父亲面前，并说：

请父亲原谅，自己没有全身心投入到学习中去；

但请父亲放心，我会下定决心，努力学习！

祖母见状，就责怪父亲说：孩子从远处回来，刚进家门，还未歇脚，就又这样，能行吗？于是赶紧一把拉起我，让我先坐下。后来父亲就再没有说什么。

后回到学校后，就慢慢地开始用心学习，晚上也试着挑灯熬夜。那年暑假回家，便投入到繁忙的夏收中去。记得有一天，雨后天晴，天空湛蓝湛蓝的，有几朵白云飘在空中，空气也感觉非常的清晰舒适。

我跟父亲肩并肩走在田间的小道上，走着走着，无意间回头，视线正好落在父亲的鬓角旁。由于距离特近，看到的是那样的清晰逼真。就看见父亲的头发已斑白，岁月留下的痕迹，已深深的刻在额头及两鬓上，土黄的皮肤中镶嵌着粗粗的皱纹。

心里忽然意识到：噢，父亲已经老了！

由于岁月的磨难，五十多岁的他，看上去就年纪已上七八十岁高龄。

长了这么大，一直就未注意到，原来父亲竟是如此苍老！自己却并未意识到，也从未想过。于是就又特意的看了几眼，心里始觉得像针刺一样，隐隐作痛…

The Extraordinary Life of My Father

从那以后，自己便逐渐意识到要刻苦学习，为了自己的前程，也为父母的心愿。在学校里，自从高二开始后，我的成绩就开始慢慢提升。到了放寒假时，由于是家里农闲时期，没有多少活可干，我对学习也毫不懈怠。就制定出一套作息制度和时间表，像学校一样，严格遵守执行。每天早晨六点钟起床，开始跑步训练，沿着村子周围跑几圈，后就是学习和温习功课。

当父亲看到这种情况后，就觉得我是真心投入到学习中去了，于是又提醒我：学习要劳逸结合，注重效率；要擅长开辟方法，提高效率，力争做到事半功倍。

高三毕业准备高考时，那年正是八九春夏之交，在中国大地上也是一个不平凡的时段。记得正紧张复习准备高考，又每天去看一些新闻报道。走在大街上，也听人们对时事的谈论。后来就看

父亲的传奇

见新闻报道说：天安门广场聚集了上百万的青年学生，绝食抗议。再后来就是 六.四，荷枪实弹的军队对北京首都实行戒严。

预考后，我对军校报以非常高的热情，可能一方面是因为它不需要支付学费，二是因它待遇好，又包分配，再者是因觉得军人显得很威风凛凛，庄严正气。后来父亲听说我准备报考军校，在高考前就特别来看望我一趟，也是高中生涯第一次在学校见到父亲。

见面后，父亲先就说，报考军校的事再考虑考虑吧，青年时期要志向远大，能高瞻远瞩。

看来父亲对我的填报军校志愿有些考量。后来到填报考志愿时，我就未选择军校。

The Extraordinary Life of My Father

那年高考，我被录取到省城本科院校，甘肃农业大学。能够进入大学校门深造，也是圆了家人几代人的梦想。父亲及全家都非常高兴。但当接到录取通知书时，我有些失望，因为它不是我填报的学校，我也没想过有多少兴趣，而且所调配的专业是兽医，更是我不感兴趣的。

父亲看到我的不悦，就知道是啥因，于是劝说：咱家世代为农，这农业院校好啊！不要轻看农业，它是国家富强发达的基础，将来国家肯定要重视农业。

又接着说："行行出状元吗！"就鼓励我到学校去勤奋学习，争取在所学的专业有所造诣。又应用 明朝冯惟民的诗句做劝勉：青出于蓝而胜于蓝，冰生于水而寒于水！

当听到父亲的劝勉后，我就再无疑虑，专心去学了。快到上学时，父亲便专门把家里存放多年的一个小木箱，小心翼翼地拿出来，上了新锁，对边角做一些修补固定。

后来听祖母说那个箱子是随着父亲转战南北，即使在酒泉劳改农场，它也一直陪着他。木箱是黑红色，虽经历风雨岁月，仍保持着原来的色泽和形状。父亲把它心爱之物交给我，看来是有着非凡的意义。

等到九月开学时，父亲便说他要送我去学校报到。这还是令我有些诧异！想起当年第一次出家门去会宁读书，他是有意锻炼我，不送我一程。不过这次父亲能陪我去学校，令我感动不少。

记得到学校报到后，就去了宿舍住宿。一个宿舍安排有八个舍友。父亲非常地健谈，便与每一个舍友聊起来，询问他们的家乡及家人等。后来有舍友问起，是否父亲是乡镇领导还是学校教师？我说父亲只是一位普通农民。

The Extraordinary Life of My Father

后来入学后才知道， 原来农大的前身是国立兽医学院，在解放前国民党时期，那是全国兽医精英前辈集中之地。 因此到解放后 全国有名的教授及设备 还是集中在那儿， 她在国内 兽医界享有盛名。

父亲的传奇

父亲 之 慈爱

到大学第二年，假期回家时，就见小侄子出生了。他的来到给全家带来了不少的喜庆和欢声笑语。可能也是家中多年没有小孩子了，祖母，父母对小侄子特别的爱护。我到放暑假回家时，就多了一项任务，那就是抱着小侄子玩。

很奇怪，每次当抱他到太阳光下走上两圈时，他就开始呼呼入睡。有几次看见母亲在一边做着饭，一边把他放在案板旁；小侄子就手里一边玩着玩具，一边看着母亲做饭，很有趣的样子。

父亲对我和哥哥俩一直以来都非常严厉，但到小侄子时，却是相当的和蔼可亲，特显出爷爷的慈祥来。也许爷孙之间就有天生的亲密感。自从小侄子出生后，他就一直陪伴在父亲身旁。听说到父亲后来去世前，他还经常搓背，捶胸，一直陪着父亲离开这个世界。

The Extraordinary Life of My Father

兰州之旅

大学四年后，我毕业分配到中央在兰科研单位，从事研究工作。父亲及家人听说后，都感觉特别的欣慰。

有一次父亲专门来单位看我，来到单位后的第二天，父亲就去找在兰州盐场堡的一位曾经与他在酒泉城郊农场同生死共患难的朋友。那一天好像那位朋友不在家，父亲就给家人留了口信。接下来的一天，那位老伯就来到了我单位找父亲。

生死之交的难友，阔别三十多年后，又重新相见，场面真是很感动。两位曾经历风雨的老人，一见面两双老手就紧紧握在了一起，老泪纵横，悲喜交加。叙述他们的经历，如何逃脱死亡的折磨。又谈到他们中有谁都未能逃脱死亡的考验，命丧黄泉，他们又如何在文化大革命中受压迫等等经历。

他们从中午一直聊到晚上，好像还意犹未尽。到很晚时，才依依不舍地相互告别，并道声珍重。相互说，也不知这一生还能否再见一面。

我那时住在单位的一排平房里，住的大多都是单身，到了晚饭后大家都相互串门，聊天，过道里就显得特别的热闹，经常能听到大家谈笑风生。父亲来了后，就跟每个人都很熟，大家都喜欢跟他聊天，每天吃完晚饭后，大家都来到我的宿舍，与父亲喝茶聊天。话题博古论今，涉及到国事家事，时事政治，经济新闻，都聊得兴趣甚浓。

那时一年一度的职工篮球赛也正在进行中。可能在我个人体育技能方面，从组织，投球，速度等方面，那时应该是达到了我个人技术最高点。我所代表的系篮球队，以年轻的队员为主力，经过几场艰难的拼搏，最后夺取了那次比赛的冠军。父亲是那次比赛忠实的观众，每场都看。有一场比赛，双方水平实力相当，相互紧咬僵持了一段时间后，最后我队以两份之差遗憾输局。

父亲在看了那场比赛后就点评说：你们队伍总体有活力，速度快，配合好，但就是欠缺防守。一个强队若要取胜，必须防守兼顾，有攻有防。

嗨，还真是没想到父亲挺懂体育的，点评特到位，又说到关键！

怎么原来就从未听说过他提体育方面的事呢？

我就回应说：您说得有道理；我们已发现了弱处，并加强了防守。

后又跟父亲半开玩笑说：我的这些体育技能都是从小时候练出的，您那时还严管不让玩呢！

父亲的传奇

父亲也未生气，就解释说：玩是要的，但不能把主要精力都放在玩上，否则就会一事无成，误了前程。又接着讲到，在年幼时，因孩子不懂事，父亲的管教很关键，要指给一条正路，让孩子一生不偏离左右。就又应用一句《三字经》中的话说：

养不教，父之过；教不严，师之惰；子不学，非所宜；幼不学，老何为！

虽然没有回应，但心里明白，父亲言之有理！若没有他的教导，凭着我自己的想法去做，现不知我在哪里呢？

The Extraordinary Life of My Father

有一天晚饭后，陪父亲去单位周围的地方散步。单位周围都是农家，以种菜为主。走在乡间的小路上，好像回到了小时候与父亲时常走在家乡小路上的情景，那样的亲切和熟悉。正走在山坡的中间，就见一老者背着一大筐蔬菜。由于筐大而重，他艰难地一步一步地朝山上移动。父亲见状，就叫我扶老人一把，帮他背到山坡上面。

之后老人挺感激，就指着前面不远处说，那就是他的家，让我们进去坐坐。父亲就婉言谢绝了。

后来父亲就告诉我说，要时常有怜悯的心，帮助有需要的人，在困难处要扶持一把。

因单位地处盐场堡徐家坪山脚下，我们就沿着小路一直走上山。到了徐家山顶，俯瞰兰州市区，一览眼底。黄河自东西穿过，南北有两山夹持，

父亲的传奇

南面有五泉山,北面有北塔山。两山之间是黄河,黄河之上有桥梁相接。

父亲就说,白塔之下的铁桥被称为"天下黄河第一桥"。它是在清朝光绪年间,由美国和德国的工程师联合设计,历时三年才修毕。它在解放兰州时立了大功。四九年,彭德怀大将率领的人民解放军解放兰州城时,就是沿着黄河铁桥,突袭马步芳部队。歼灭了大部,击败了国民党军队,并最后占领了兰州城。

父亲接着讲到,兰州历史上是丝绸之路的重要交通枢纽,因此黄河之上的桥梁就是联系的纽带。当看到只有两座桥梁,黄河铁桥和土桥时,他就说:看上去,桥梁不够多。于是就提议说:若能再多两座桥梁,会对将来的交通及经济都有益。

The Extraordinary Life of My Father

　　我当时就心里想，修一座桥，谈何容易？要投资立项，考察论证，主管部门的审批，开工修建到最后建成，不知要花几年的时间和资金？

　　可是时间过了十年后，当再次登上徐家山顶时，竟看见新增加的三条大型的桥梁，横跨黄河，巍然矗立。

　　心中不竟慨叹：父亲当年竟有如此的高瞻远瞩！

父亲的传奇

The Extraordinary Life of My Father

父亲在兰州 五泉山

父亲的传奇

父亲在 兰州 黄河边

父亲在家 扶持小侄子

The Extraordinary Life of My Father

与父亲在 北京颐和园

父亲的传奇

父亲在北京 农科院后花园

父亲在北京天安门 与国外友人合影

The Extraordinary Life of My Father

父亲在 陕西 博物馆

父亲的传奇

父亲在北京 颐和园

The Extraordinary Life of My Father

父亲在陕西 兵马俑

父亲的传奇

痛 逝 亲 人

　　参加工作一年后，一九九四年，那年对家中则是多事之年。初夏时节，母亲患病，哥哥送到兰州来诊治。医生诊断结果是由于长期劳累过度，体力透支而引起的体力虚弱，身体功能衰竭，需要慢慢等调和，修养。后经中医建议做针灸治疗。

　　接下来的一段时间，每天下班后，我就骑自行车带母亲去七里河区中医院做治疗。连续几个星期后，医生说见她有明显好转，见母亲的精神面貌也好了许多，走起路来也硬朗了。

　　后来有一天突然接到一份父亲发来的电报，说家中有事，让母亲急回。

父亲的传奇

我也不知发生什么，就第二天急急忙忙赶回家。到家后才知道，祖母病重，父亲希望母亲能照顾并陪伴她走完人生最后一段旅程。

我当时有一些埋怨和生气，因家人明明都知道母亲自己有病，怎能照顾病重的祖母？但又一想，母亲已照顾祖母四十多年，在她最后的日子里，若不能陪在她身旁，似乎有些遗憾。

母亲也说，若她知道祖母的这种状况，她自己在外面不放心，还是在祖母身旁照看她更安心。她就安慰我说，她的身体不需担心。等以后有机会时，她会到兰州继续治疗。

之后我就被单位派去河南，湖南等地出差几个月，等再次回到家时，祖母已离开了人世，摆在面前的，就只是她那慈祥的遗容笑貌。

再永远也见不着她，每次在车站送行我，等候我的场面了！

The Extraordinary Life of My Father

那年，祖母八十八高龄。听父亲说，祖母走的很平安。她已息了地上的劳苦，在天堂安息了！

祖母去世后，父亲突然苍老了许多，有时见他也自言自语，回忆祖母在世的情景。以往和祖母在一起喝茶聊天的时光，再也不回来了。之后我就告别了父母和家人，回到了单位。

父亲的传奇

大概两个月后,有一天我在市区办事,正在大街上,就听见有人喊我的名字。回头一看,是我的实验室主任。

他见到我,气喘吁吁地说:小柴,赶紧放下手中的事,收拾一下,准备回家去吧。又补充说: 家人打电话说你母亲病重!

听到此消息,我就赶紧回单位收拾了一下,赶往车站,直奔候车室,赶上了一辆去家乡的车。辗转数小时后,回到家时已经是夜幕降临了。

就看见家里有许多人,都陪在母亲身旁。母亲半靠在炕墙角,精神微弱,身上已穿好了衣服。

听哥嫂说,母亲已昏迷过几次,清醒后一直问我 是否已到家,一定要看看我。

我急忙近前到母亲身边,捏住她的手,问她哪儿不舒服?

母亲说：她哪儿都不疼，就是累了，要回家了；现在见了你一面，就满意了！

然后她就躺下，说要休息一会。之后我就一直抓着她的手，趴在身旁，听她的呼吸声。

心里想着，若母亲能坚持到明天，我就送她到兰州去治疗。

母亲躺下后，就一直没有醒来。等到半夜时，就听见她常常地出了口气，但之后就再没听到呼吸的声音了..

看她安详地躺在那儿，像永久进入了梦乡…

我便告诉父亲及家人说，母亲听不见呼吸声了。

父亲看后，就告诉哥哥说，准备后事吧！

突然间，哥哥便大哭起来…

父亲的传奇

也许是一切发生得太突然，也可能我就无法接受眼前的现实。于是我便一个人走出家门，独自走进黑夜里。

记得那晚气候异常寒冷，夜色晴朗，满天星星。我独自一人走在静静的夜间小道上，观望着满天的星星。心里想：母亲已离开了这个世界，那她现在会在哪儿呢？

她是否会变成天上的一颗星星，在那儿闪烁呢？

正在思想间，就见一颗特别闪亮的星星从天空划过，降落在天空的另一方。于是我就像自我安慰似的，说：

那颗星可能就是母亲吧！

接下来的几天，我一直守候在她身旁，直等到遗体埋葬到黄土中。

等处理完母亲的后事，我就又告别了父亲及家人，返回到兰州。

到单位的连续几个夜晚，我都是从半夜睡梦中惊醒，发现泪水浸湿了枕巾。想起母亲的一生，勤劳善良，为了全家的生活，每天都是天不亮就早早起来，准备一家的衣食，忙完后就又赶忙去田里干活，很晚时才回到家。虽然已是筋疲力尽，但还要准备饭食。等家人都吃完睡觉后，很晚了，还听见她在收拾家务，缝补衣服，每天都忙到深夜。常年下来，本来就虚弱的身体终于积劳成疾，早早地就离开了我们。

可怜的母亲啊，孩儿怎能忍心您就这样早走呢？

父亲的传奇

又想到父亲，在不到三个月里，失去了祖母和母亲，他不知如何承受如此的打击？年老的日子，孤单一人，有谁还能时常陪伴在身旁，与他聊天解闷呢？

就这短短的几个月，看到祖母母亲相继离开了我们，在悲痛和思念亲人的同时，就顿觉人生短暂。无论是在这个世上活到五十岁，或者一百岁，在离世时，当回首这一生，就像是弹指一回间，转瞬即逝。

也不知离开这个世界后，人还有无灵魂，延续生命呢？还是像人们常说的：人死如灯灭，一切都消失了？

若真是这样，那每个人都不会逃脱死亡的命运。自从来到这个世界的那一天，就开始向那个方向一步步迈进。自古至今，没有一个人能摆脱它。即使中国古代历史上的，像秦始皇大帝，自从继位起，就开始花费巨大的人力物力为他修建坟墓。虽然他的坟墓至今未能挖掘出来，但可以确定的是，他死了。

像亚历山大皇帝，曾缔造了人类历史上最大的帝国王朝。但在他最鼎盛时期，年仅三十二岁的他，便遗憾地离开了世界。临终前，特意吩咐部下，要把他的手放在棺灵木外，让世人都看见：他是赤手来到世界，最后又遗憾地空着双手离开这个世界。

人的一生，来去空空耶！有智慧者之称的所罗门王，当他享尽人间的荣华富贵后，到了晚年时，曾感叹说：当观看日光之下，一切都是虚空，是捕风，都是捉影，在日光之下毫无益处！（传道书 2：11）

那人生的意义在哪儿？生活的目标又是什么呢？

从那时开始就思考这些问题，但是不知道答案，于是就开始寻求⋯

父亲的传奇

父亲已老

一九九六年，在单位工作三年后，我考入中国农科院研究生院攻读研究生，并在北京农业大学学习理论课，后又在哈尔滨做论文。所以从那时起，在北京和哈尔滨之间来回忙碌，回家的次数就少了许多。

每次回家，见到父亲一次比一次苍老许多。原来洪亮刚强的声音变得微弱了，视力也下降了，精神体力大不如以前。

九七年冬春交季时，北京的气候寒风凛冽，突然听到小平先生于世长辞。全国人民一片悲伤，悼念这位伟大的领袖。想必父亲那时也缅怀这位领袖。

那年夏天回家时，父亲就特别提起，九七年是香港回归年。接着讲到：记得当年小平先生跟英首相 莎切尔夫人 谈判时，显得那么的坚定和有智慧。长达八小时的谈判，最后迫使以"铁娘子"著称的首相夫人，不得不无条件签字，让香港按期归还。今年终于到了香港回归的时候了，小平先生肯定也是希望自己亲眼看到它，但他老人家还是未能等到。

后又叹息道：哎，人的寿数无常，皆由天定！

当我的研究生学业结束后，在一九九九年底，我与心爱的妻子永结连理。春节期间，我携带妻子回家看望父亲及亲戚朋友。父亲也特别高兴，专门吩咐要去看望村里的长辈老人。

因妻子从小在城里长大，对农村不是很熟悉。在那样一个寒冷的冬季，外面虽在刮着凛冽的北风，飘着雪花，但她还是感受到浓浓的乡情和乡亲们那温暖的心。每到一家，都是笑容可掬，那长满老茧的双手抚摸在脸上，倍感亲切和朴实。

在世纪交替之年，我得到去国外留学的机会。临行前，我和妻子回家探望父亲，并解释说要去远门，到海外学习。父亲听后，特别的高兴。就嘱咐说，要努力克服语言及文化方面的障碍，勿要刻苦学习，学到先进的技术。同时叮咛说要保护好身体。

跟父亲道声郑重后，我就回到兰州，紧接着踏上了北去的列车，后又飞往欧洲半岛。先到达首都伦敦，后又到北部的苏格兰，在爱丁堡大学开始学习。

The Extraordinary Life of My Father

海外学习一年后，在二零零一年的夏天，趁学校放假期间，心里主要牵挂着老迈体弱的父亲，我就携妻回国探亲。

当见到父亲时，就发现父亲苍老了许多，眼睛视力下降，听觉都显困难，身体状况大大不如以前，走路动作也变得明显迟缓。

没想到过去仅一年的时光，父亲变化是如此之大，心里觉得很难受，不是滋味。

因为假期有一段的时间，就计划陪着父亲到一些地方去走走。起先父亲就说，不用了，你们都很忙，能回来见一面，就已经满意了。后我们坚持说，一切都已经安排好了，父亲也就勉强同意了。我们就先考虑去到北京，西安等地参观。

在临行前，哥嫂就建议说最好去医院再给父亲做一些检查诊断，看能否在视力听力方面做一些治疗。

父亲的传奇

到兰州后的一天早晨，我便陪父亲去医院诊治。医生检查完听力和视力后，建议视力可以试做手术，听力带助听器就可。

从医院出来后，我们去了一家餐馆吃午饭。正在吃饭时，父亲突然咳嗽，而且咳得很厉害。我就建议说，要不下午再去做一下肺部检查，父亲就同意了。

吃完饭后我们就挂胸外科医生，他们看后，建议先拍X光片，再做结论。于是就去拍了片。等X光片出来后，就见医生们指着片中的投影，讨论很长时间，后又请来主任医师。过了好一会，他们就叫我进去。并告诉我说根据X光片上的显示，肺部有阴影，建议抓紧做治疗。当问及具体细节时，他们也没有告诉很多。

当时，虽然未得到确定的结论，我就感觉有一些不祥之兆。于是就急忙拿着光片去了一位大伯那儿，他是胸外科专家。

等他看完后，就把我单独叫到一旁，严肃的说，已是癌症晚期了！建议有两种方案：要么手术治疗，再加化疗，但效果不一定好，而且人要受痛苦；要么就依其自然，不要告诉本人，让他有一个好的精神状态，说不定能延长一段时间。后又告诉说，这种病况到最后特别疼痛，需要准备用药物减痛。

我当时得知此消息后，心里很沉重，不知如何是好。按照常规，能治疗就尽量想办法治疗。于是我就委婉地试问父亲说，据医生建议，需做进一步检查治疗，能否明天再去医院看看。

也许父亲已感觉到了什么，或许他在看医生讨论光片时，已知道一些。父亲就依然地说：不需要再做检查了，任何治疗他都不愿意；按照原计划去旅行，不用再担心他的身体了。

父亲的传奇

当天晚上，我彻夜难眠，想到父亲的坎坷的一生，刚到老年，能享受一些在家中的平安和福气。现却突然发现这样的状况，心里好像刀割一样，隐隐作痛。

既然父亲旨意已决，若坚持做治疗，他肯定不愿意；若告诉他病症的严重性，又担心他有多虑，反而影响他的心情；若任其自然，不用治疗，想到父亲身体一天天的衰竭，那又于心何忍？

面对那种情景，思前想后，真不知如何是好？

仰望窗外，祈求那怜悯的上苍，能否保守父亲？

The Extraordinary Life of My Father

京城之旅

第二天，我们就按原计划，我和妻陪着父亲，踏上了北去的列车。这次旅行，是第一次陪父亲远游，以后这样的机会可能也不多了。因此，心情十分的沉重，但却也格外珍惜。

在列车上，父亲大多数时间是休息，闭目养神，也吃很少食物，他后来说主要是想减少去厕所的次数。当列车停站时，父亲便起来问是哪里？当听说地名后，列车经过天水，西安，郑州，石家庄等站时，他就开始讲一些关于当地的一些历史文化。

在列车上遇到一对从爱尔兰来内地旅游观光的旅客，要在列车上询问一些关于在北京住旅馆，及去机场等方面的信息，但是由于语言方面的原因，他们未得到想要的答案，正在发愁。于是我便问他们需要何帮助，之后就根据他们想要了解地，提供了相关的信息，建议他们怎样去跟招待人员交代，有哪些需要注意的事项等。他们听后很是感激。

父亲看到我帮助了国外友人后，就说，要乐于助人，对待外国客人，要体现出中华民族的优良传统。中华民族历史悠久，有着很大的包容性，五十六个民族，都能和平相处，从未有过民族歧视。

等到北京后，我们先找旅馆住下，让父亲稍作休息。那时的北京，正值暑夏，天气炎热，空气中很难有一丝丝凉爽的微风。

第二天一大早，我们就出发前去北京故宫。每到一处，父亲的兴兴致很浓；就讲起有关的历史故事，他讲的是那样的 栩栩如生，津津有道。

记得几年前当我在农科院读研究生时，迎来一批美国的交换学生。寒假时，研究生院选派一些学生去当导游，我也被列其中。做过一些培训，讲述有关的文物历史。之后我又查找了有关的资料书籍，对那些景点及历史故事，还有一些了解。后来根据外国朋友的评价，我的导游讲的还算满意。

但是听父亲一讲，就别有一番风味，而且有许多的故事我都从未听过。心中不免佩服，父亲是那样的知识渊博！

我们先到故宫参观，就见宫殿是沿着一条南北向中轴线排列，三大殿、后三宫、御花园都位于这条中轴线上。整个故宫的设计建筑气魄宏伟，规划严整，极为壮观。

他讲到，故宫原来戒备森严，当时普通老百姓，若走近紫禁城墙附近的地方，都算是犯法。历朝历代，有多少事发生在这儿。如明代正统皇帝复辟的夺门之变、嘉靖皇帝被宫女谋刺的壬寅宫变、清末慈禧太后谋取权力的辛酉政变等等。

父亲的传奇

当我们穿过太和门后，先到看到太和殿，俗称"金銮殿"。它是故宫中最大的木结构建筑，是故宫最壮观的建筑，也是中国最大的木构殿宇。整个大殿装饰得金碧辉煌，庄严绚丽。太和殿是皇帝举行重大典礼的地方。

看完太和殿后，就来到了中和殿。它是皇帝去太和殿举行大典前，稍事休息和演习礼仪的地方。皇帝在去太和殿之前先在此接受内阁大臣和礼部官员行礼，然后进太和殿举行仪式。

在中和殿后，是保和殿，它也是每年除夕皇帝赐宴外藩王公的场所。父亲又提到科举考试举行殿试的地方就在这儿。他就讲起，会宁自古以来出了不少人才，像状元，榜眼，探花等，都是在这里参加考试。

在参观故宫后，在天安门前留影时，有一位外国朋友便问能否跟父亲留影作纪念，当我转达后，父亲便爽快的答应。也许是看到父亲苍老的脸庞，斑白的头发，及长长的胡须，再加上岁月留下的斑痕，未达七十，他已看上去有八九十高龄。

后来，周围的国外游客见状，便有更多的要与他合影拍照，父亲都毫不推辞。而且也问他们是从哪国来。

有一位是从以色列来的客人，父亲听后就说，中华民族和犹太民族都有数千年悠久的历史，而且两个国家自古以来，就是友好国家。两个民族有很多共性，都艰苦奋斗，勤劳节俭，并重视家庭。30年代德国纳粹逐犹屠犹行动开始后，有很多犹太人逃难来到中国，我们显示出包容和友好，对他们伸出热情援助之手，保护他们，使得他们保住了性命。我们是世界上为数极少的，怀着宽厚之情对待备受折磨的犹太人的民族之一吧。

接下来的一天，我们去参观颐和园。它坐落在北京的西北边，堪称中国古典园林的登峰造极之作。在清朝乾隆年间，颐和园历时15年建成，它也是晚清最高统治者在紫禁城外的主要活动中心。像1898年的戊戌变法，就是在这里发生。

后又参观了圆明园遗迹。这儿曾集中了中国园林艺术的精粹，融会了东西各种建筑风格，被西方国家称作"万园之园"或"东方凡尔赛宫"。但是在第二次鸦片战争期间，英法联军大规模纵火抢劫。圆明园大火持续烧了三天三夜，300多名太监和宫女葬身火海。

当参观圆明园时，我就讲起一段关于我的有趣经历。在九七年夏天，有一天晚饭后和同学一道到圆明园的湖边散步，我不小心一脚踩到露出湖水的石头上，想必稳固，但表面极其光滑，全身就随即掉入到湖水中。湖水也不浅，我这位不懂水性的北方旱子，就慌忙在里面翻腾。那几位好友起先以为没事，觉得好玩，后来才发觉不对，于是迅速下水，赶紧扶我到水浅之处。既然衣服全湿透了，大家就索性在水里游个痛快，打起了水仗。听我讲完后，惹得父亲哈哈大笑。

The Extraordinary Life of My Father

由于天气炎热，加上白天长时间的参观，晚上回到住所后，父亲就显得劳累疲乏，在床上要休息一段时间。

有一次，我看到他大汗淋漓，衣服都被汗水浸透，就试问说：能否把衣服脱下来，让我换洗？父亲就把衣服脱下交给我。

一边洗衣服，一边想起许多的故事。父亲一生勤俭持家，穿着干净整齐。母亲在世时，都是她把所有家人的衣服洗干整理。母亲去世后，可能大多是他自己整理。有一次回家特意的翻开父亲的衣柜，所有的衣服，摆放的整整齐齐，四季的衣服也分别有序。

洗完衣服后，就试问父亲说：能否帮他洗洗脚？没想到父亲也未拒绝。

父亲的传奇

我便端来一盆水，用热水调匀，手指调试感觉适温后，就端到父亲脚下。

每一次洗脚时，我都故意放慢动作，轻轻的抚摸着，让它留在记忆中。脑海中便浮现出儿时的记忆。记忆中的父亲一直都是刚强不阿，声音铿锵，动作有力；但随着岁月的流逝，年纪的老迈，眼前的父亲已是风吹欲倒。可能来年再回来时，能否再见到父亲的音容笑貌；能否再为他撮衣洗脚，可能再没有机会了…

古人曰：树欲静而风不息，子欲养而亲不在！

每一次洗脚时，父亲也是静静地坐在那儿，偶尔也讲一些经历。说到，腿脚都是在酒泉农场和文化大革命时期遭受的伤残，因那时的条件环境恶劣。

The Extraordinary Life of My Father

随后又感叹一声说：那都是特殊年代的特殊历史，不要沉在过去，要往前看。一个家也好，一个民族也好，若要强盛，眼光得放远；超前看，不要局限在历史中。

在北京参观游览一周多以后，就趁西下的列车到达古城西安。

西安，古称长安，举世闻名的世界四大古都之一，也是中华第一帝都。是丝绸之路的东方起点。它是中国历史上建都时间最长，影响力最大的都城。沿着古城墙走，感觉到它的庄严和古老，西安城墙是目前中國保存最完整、规模最大的古城墙。之后我们又参观了大雁塔、小雁塔、鐘樓、和鼓樓.

接下来的一天，就去参观秦始皇陵。父亲提到，古埃及金字塔是世界上最大的地上王陵，而秦始皇陵是世界上最大的地下皇陵。它那规模之大、结构之奇特、内涵之丰富，是其它皇陵无法比拟。秦

父亲的传奇

始皇大帝 从全国各地征调 70 万人参加修建，前后费时近 40 年，至秦亡时陵园尚未完全竣工。工程之浩大为史所罕见。为了防范盗窃，墓室内设有一触即发的暗箭。

The Extraordinary Life of My Father

与父亲 最后的道别

北京西安旅行结束后，我陪父亲回到家，顺便对哥嫂把父亲在旅行途中的事做了一些说明。那时正当夏收季节，哥嫂很早便离开家到田里收割庄稼。

记得那天早上，我就沿着田间小路，穿过麦地。看到金黄色的小麦，在微风吹拂下，像金色的波浪，此起彼伏，是多么美丽的一幅田园风景。于是儿时的美好时光，在田里玩耍戏闹的情景浮现在脑海中，是那样的天真和有趣。

经过几块麦田和庄稼地，爬上了山坡，经过一个小时后，便看见了哥嫂正在收割的麦地。

我便坐下跟哥嫂解释了有关父亲的身体检查状况，并告诉了父亲的意见和想法。哥嫂听后就说，可能是父亲担心连累到儿媳，给家人增加负担。父亲虽身患重病，还是一直为家人着想。又举例子说在平时吃饭时，为给儿媳减轻负担，父亲就建议把饭桌放在地上，不需要每次吃饭时都把饭桌端来端去，以减少麻烦。

后来哥嫂就说，父亲一旦有他的想法，我们就很难改变，还是最好依他吧。就让他能保持好的心情，走完余下的人生历程。

我就交待了一下，若父亲有任何的不适，就赶紧通知我一声，看能否赶着回来见他最后一面。

八月中旬，距离返回英国的时间越来越近。临离开兰州前两天，我再次来到家中，跟父亲及家人道别。那天晚上，父亲讲述了他的一些经历故事，说北京西安之行满足了他多年的愿望；旅程一切平安，健康也好，他很满意。

那天晚上，想着病痛中的父亲，我又一次整夜难眠，思绪万千…

The Extraordinary Life of My Father

父亲那坎坷的一生及他虚弱的身体，一直萦绕在脑海中，心里很沉重，始终是放不下父亲；想着此别可能就是与父亲的永别！年迈体弱的父亲也许随时离开这个世界。父亲经历那么多苦难，把我们抚养成人，现在在他最需要的时候，我这作儿子的却不能陪在身旁，伴他走完最后的历程。

哎！我这不孝儿啊！

第二天早晨，等一切都准备好了，眼看着班车快到了，我便跟父亲说：

儿子要走了，请父亲多保重！

不料话刚出口，自己便不由自主地跪倒他的面前⋯

这可能是第二次跪在父亲面前。记得第一次是因年纪幼小，不懂世故，贪玩不读书，惹他生气，辜负了他的期望。这一次已到中年，稍懂世事。

父亲的传奇

眼看着病重的父亲像将残的灯火，不久要熄灭；自己不能陪在他身边，陪他走到最后。若有一天，父亲真有意外，我在万里之外，音信全无，不能返回到身边，见到他最后一面。那种内疚的心情啊…

父亲见状，赶紧说：起来吧！车快到了，该走了；我这边及家中的一切都不要挂念；专心学习，也要照顾好自己。

我便强忍着眼泪，告别了父亲和送行的亲人，踏上了车。

等车开动后，再也控制不住那夺眶而出的眼泪，就任它尽情地流吧…

到达英国后，由于通信不便，很多时间都不知父亲的身体状况，只能把遥远的思念和牵挂寄托于上天，求他宝贵的圣灵能保守父亲的心怀意念和平安！

The Extraordinary Life of My Father

有一段时间，连续几天很沉睡的感觉，白天也昏昏欲睡，在晚上就梦中看见父亲病的很厉害，虚弱的身体，不能走路，躺在炕上。我赶忙到他身边，问他感觉如何…

接下来的一个晚上，又梦见父亲走在一块青青的绿草地上，面带笑容，神情悠闲，放着一群羊。父亲一边领羊群到溪水旁，一边说着：到家了；到家了！

后来的一天，当打电话到兰州的岳父岳母那儿询问父亲的状况时，他们就告诉我说：父亲已去世了，一切后事已办妥了！

岳父岳母在父亲离世前的晚上见到他，说父亲未受一点病痛，走得很平安。走前还专门交代不要告诉我，不需从远程赶回来，让我专心学习。

后来从哥嫂那儿知道，父亲在生命的最后时段，他也担心病痛和给家人带来不便，便大声向上

父亲的传奇

帝祈求： 求那怜悯的上苍让他少受痛苦， 不要给家人增添负担， 让他走得平安！

　　那慈爱怜悯的上帝聆听了父亲的祈求， 保守他平平安安地 结束了在这世上 最后的日子，走完了他那传奇的一生。

　　　　　亲爱的父亲：

　　　　　不知您在那边还好吗？

　　　　　有一天我们将在天堂相见！

The Extraordinary Life of My Father

关于 熊猫创作出版社：

熊猫创作出版社（Panda Creative Publishing）是专门为青年人提供出版服务的平台，并帮助他们发展创造思维和培养兴趣。它能够让青年人自由的充分发挥想象力和增加浓厚的写作兴趣，为将来职业奠定坚实的基础。

Panda Creative Publishing is a place publishing books written by young adults, and helping them develop creative writing skills. It provides a fun place and allows everyone to express their imagination and cultivate curiosity by telling stories.

The Extraordinary Life of My Father

关于作者

柴忠威博士，祖籍中国甘肃会宁，曾就读于英国爱丁堡大学，并取得博士学位，后又在美国斯坦福大学做博士后培训，曾就职于大学，政府部门，公司，科研等机构。现在加拿大多伦多，服务于医药开发领域，并同时创办了熊猫创作出版社，意在为青年人提供创作与出版的平台。

父亲的传奇

www.ingramcontent.com/pod-product-compliance
Lightning Source LLC
Chambersburg PA
CBHW060517030426
42337CB00015B/1915